2/16

LOS ESPECIALES DE
A la orilla del viento

FONDO DE CULTURA ECONÓMICA
MÉXICO

Distribución mundial

La autora agradece el apoyo del Sistema
Nacional de Creadores de Arte

© 2015, María Baranda por el texto
© 2015, Maite Gurrutxaga Otamendi por las ilustraciones

D. R. © 2015, Fundación para las Letras Mexicanas
Liverpool 16, colonia Juárez, C. P. 06600, México, D. F.
www.flm.mx

D. R. © 2015, Fondo de Cultura Económica
Carretera Picacho Ajusco 227, Bosques
del Pedregal, C. P. 14738, México, D. F.
www.fondodeculturaeconomica.com
Empresa certificada ISO 9001:2008

Colección dirigida por Socorro Venegas
Edición: Angélica Antonio Monroy
Diseño: Miguel Venegas Geffroy

Comentarios y sugerencias:
librosparaninos@fondodeculturaeconomica.com
Tel.: (55)5449-1871. Fax.: (55)5449-1873

ISBN 978-607-16-3141-1

Primera edición, 2015

Baranda, María
    La enorme nada / María Baranda ; ilus. de Maite Gurrutxaga
Otamendi. — México : FCE, FLM, 2015
    [32] p. : ilus. ; 16 x 21 cm — (Colec. Los Especiales de A la
Orilla del Viento)
    ISBN 978-607-16-3141-1

    1. Literatura infantil I. Gurrutxaga Otamendi, Maite, il. II.
Ser. III. t.

LC PZ7   Dewey 808.068 B133e

Se terminó de imprimir y encuadernar
en septiembre de 2015 en Impresora y Encuadernadora
Progreso, S. A. de C. V. (IEPSA), calzada San Lorenzo 244,
Paraje San Juan, C. P. 09830, México, D. F.

El tiraje fue de 9400 ejemplares.

Impreso en México • *Printed in Mexico*

LA ENORME NADA

María Baranda

Ilustrado por
Maite Gurrutxaga

FONDO
DE CULTURA
ECONÓMICA

f,l,m.
fundación para las
letras mexicanas

La nada es enorme,

oscura…

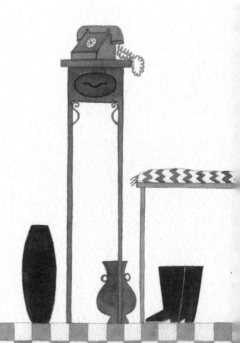

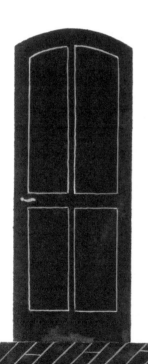

A veces está
debajo de mi cama
o de la alfombra.

O en la mesa,
donde todos hablan
o callan.

La nada me aguarda
en el camino,
se esconde...

...detrás de los postes
y de los árboles,
o justo en la esquina
de regreso a mi casa.

La nada
es un perro dormido.

O un sapo en silencio.

Es una hora y luego otra
y otra que se detiene
de pronto en mi cabeza.

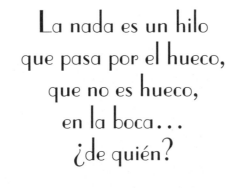

La nada es un hilo
que pasa por el hueco,
que no es hueco,
en la boca…
¿de quién?

Pero yo sé
que cuando hablo
y digo
lo que quiero
hacer...

la enorme nada
se convierte
en la pequeña,
pequeñísima
nada...

hasta
desaparecer.